李斐詩記

李斐 著

纽约新世纪出版社
2019 · 美国

作　者：李　斐
出版人：洪君植
責任編輯：柳雪花　邵　婉
裝幀設計：　龍雁翎

李斐詩記

版權所有 · 翻印必究

出版：紐約新世紀出版社
New York New Century Press Inc.
印刷：UCFHP Inc.
版次：2019 年 8 月紐約第二版；第一次印刷
定價：15.00 美金
國際書號（ISBN）：978-1-64083-096-7

前 言

廿世紀八十年代，略識寫詩口訣，當時寫詩為了過癮。
廿一世紀第十年代，略識寫詩心法，是時寫詩兼道修行。

李斐

2018.11.28.紐約

詩 題

前言

- 001 獎牌
- 003 紀念無名氏先生
- 005 紀念畫家姚慶章
- 007 自由薯條
- 009 紀念詩人彭邦楨
- 011 過期的愛情
- 012 送別友人
- 014 黃先生和黃太太
- 016 紐約的陰影
- 018 半醉半醒走進「盛世文明」的地下
- 020 狩獵
- 022 安琪琳娜・裘莉（ANGELINE JOLIE）
- 024 陳宇庭和央金拉姆
- 026 潦倒紐約，少林武僧自縊
- 028 冬日
- 029 神圓明照
- 031 哭訴倉頡

034	道別咖啡店服務員
035	紀念畫家詩人秦松
038	**GOD BLESS AMERICA**
040	血染動袈裟
042	現場
043	失落了曼荼羅的地址
045	汶川的孩子
047	花瓶看到的家暴
048	窩在牀上做的
050	四月記事
052	在酒樓遇上關二爺
053	塗鴉
054	送友回歸
056	時間
057	掃墓
058	請看斯人
060	龍應台在法拉盛
062	輻射魚
063	失蹤
064	紐約僑胞很漫畫
065	漫畫僑胞在紐約
066	漫寫新移民理由
068	唐詩
069	宋詞
070	詩與歌

071	秋日的西風
072	林書豪（LINSANITY）
074	秦俑：我見
076	紀念南懷瑾先生
078	SANDY HOOK SCHOOL 20 名學童……
080	南泉縱貓
081	四月的地鐵
082	地鐵的曇花
083	地鐵的氣味
085	紀念師傅陳克夫
089	哈遜河的秋水
091	王渝家的陽臺
093	京九車道
094	畫刷牙刷與鞋刷
096	足
097	尺
098	骨
099	女兒
100	中秋殺情
102	六月的廣場和球場
104	雨傘
106	弱勢無痛感
108	春雨
110	巴黎，子彈橫飛
112	捐款

114	唐人街系列（组诗）
122	抗議
124	花
125	夢
126	恨晚
127	看山看水長看人
128	先生，您好
130	斯人的靈魂
132	尋覓唐人街道德的高臺
134	關係
135	題外
136	咖啡店速寫
138	豬年談金豬
139	在武館拜見關二爺
140	今年的雪是薛西弗斯的汗水
142	紀念董鼎山先生
144	長城嘆毀容
145	Om 大昭寺
147	金庸先生，多謝

獎 牌

我們對神靈的匍伏長跪老繭
我們對領導的歡呼撕破聲帶
我們對權威的服從永生終窮
是時候了我們應該止步在此
也許這不是最後的一次
美式足球季後賽奧克蘭對新英倫
裁判明顯判錯慢鏡中出現
但要求司法撥正是失敗的挑戰
不到一個月後鹽湖城冬季奧運
加拿大雙人花式溜泳舞評選第二
場內場外一片反對噓聲
電視和報紙天天分析和說理
媒體與觀眾反應理性訴求力量
奧運巨頭開會檢討後竟然改判
我也湊熱鬧拍手怪叫不是因為
加拿大選手頸上掛著獎牌由銀變金
承認錯誤撕下面子我以為
和競賽拿到獎牌一樣不容易
竟然接受小民意見那些國際官員們
也該頒給他們一束花枝一塊獎牌
體育以外也希望政治司法其他種種

大人們有承諾錯誤與修正改判勇氣
如許人性脫離獸性逐步接近神性
也許有一天我們不會到處去尋找神靈
錯案與冤案的鬼魂終能平反而長瞑目

2002 年 2 月 13 日紐約

紀念無名氏先生

很多人的名字濃縮卡片一張
大人物名字刻在空曠時代的中間
公眾擁石為記面相高懸以銅為像
把名字與姓氏交給歷史代理代言
似是世世代代不能改變的時尚
而您欲將名字深埋靈隱
把榮辱藉西湖清波漂洗如衣裳
還是想長坐白蘇雙堤喝龍井
如真乃幻往事您曾記在書上
只是您漏簽名字在紙章
我說您把姓氏藏在尤加利葉子上
我說您把姓氏放在霞飛路的中央
牢房牆壁或是留下您的文字圖樣
細心靜看您的影子似乎仍有光亮
您角色演完遺下龐大工作質與量
漠視世人嗜名身後憔悴落幕無名
蘸著夕陽霞彩照映金色野獸在蛇夜
海艷的起伏與人間的互纏互糾情慾
哀傷萬丈才情北極光那時搾乾若盡
現踪香島攜着一襲苦澀的風情
僥倖晚年的正果一瞥濁世的大菩提

也許您早知此身是非常身與非常名

註：無名氏(1917-2002)，廿世紀40年代出版的《北極風情畫》和《塔裡的女人》兩本唯情摯愛的小說，一代傳一代到今日在書店仍可以看見，這兩本小書不過是無名氏早期的習作，記得我還是個"文藝青年"的時候，在美國認識的唐文標、在香港認識的岑崑南，盧因等年輕寫作朋友，我們都將無名書稿《野獸、野獸、野獸》、《海艷》、《金色的蛇夜》構成共同的言語在我潛意識裡蘊藏許多美麗的往事記憶。《沉思試驗》這本充滿哲學思緒的書內，另有兩篇寫林風眠和越無極的畫論:倒海的熟情和先知的洞悉，給我認識許多畫家有潛移的影響和認同。環看無名氏在現代中國文學史上的位置，一如他老弱貧因病逝的落寞。

2002年10月14日紐約

紀念畫家姚慶章

假設我在人生終站下車
回程票子拜託宗教預訂
留下甚麼，三年日子過去了
也許是朋友間談論中的欷歔
也許是畫布留白的色色空空
老友，想起了你，老姚
其實不老，只是瀟灑
說走就走，離開觸覺世界
每次我到法拉盛繞道羅斯福大街
佇立亞細亞銀行門口借用第三眼
凝視牆上懸掛你留下巨大的油畫
環視街頭故人稀落讀舊友留言
可惜我功力不足在抽象和中陰世界
解讀你圓形四方形正三角繽紛
彩色宇宙子宮內植立紅色荷花
潛意識黃色與黑色幽默互調配
差飛鳥建立超越意識來往甬道
可是現在你與我們間通道飄渺
你不動色聲上揚髭鬚湧出笑話
再也跳不動我們曾共餐的酒杯
那美好的日子一地碎片如杯子

而朋友們也逐漸逐漸遠了散了
每個人揹上昨日記憶的背囊去漂泊
向那灰白黑沉的終站逐步逐步靠近

2003 年 11 月 15 日紐約
姚慶章逝世三週年追思會後二稿

自由薯條

當法蘭西薯條
改名自由薯條
法蘭西土司
叫做自由土司
我還以為是
洋基佬的天真幽默
當看見紅酒白酒
倒瀉在東河讓魚兒
享受歡樂時光
人頭馬拔蘭地香檳
灌醉了哈遜河河水
看來不像是開玩笑
有些二次世界大戰諾曼地有功
將士把勳章退還法國政府
我突然想起羅蘭夫人
上斷頭台那句話
"自由自由多少罪惡
假借你的名字而為"
倖而偉大的美國佬只做小動作
例如杯葛三星級法國飯店

沒有把自由女神送回法蘭西

2003 年 3 月擬稿

4 月 11 日記下在紐約

紀念詩人彭邦楨
（1919-2003）

春日的花蕾被暖風吹拂搖曳
送你遠去，回去故鄉黃陂
也許還有歌聲，只道你才聽見的花叫
也許還有花香，灌注著你疼愛的薔薇
趁著花粉飄散的季節乘桴回去
回去夢魂朝夕掛心牽腸的故國
回到故國附近的木蘭山的磁場裡
你化解了肉體的骨灰讓地殼暖位
再不怕冰雪，再不怕國外的風寒
不怕雪天樹木黑黝枯枝垂下融解
你已內進奧秘宇宙深處的大無畏
也許有你的導引，我和你又會相見
在八卦五行的道教山頭陰陽相遇
道歉，因與朋友曾說你是個腐儒
你常拍胸口豎大拇指說詩寫得最好
我不敢多嘴怕你動氣，但喜歡你的氣概
一如喜歡你詩中平仄規律與古藝
就是離序，嵌名詩可說獨步詩壇而非自吟
在國內，中學生國文教科書上
長照孩童臉上的清輝你的月亮詩章
記得在療養院病床，你離世前一天

我步入病房，看見你顫抖抖手拿紙杯
接著泄下的尿液，褲襠吃力拉扯
黑黝的陰莖如溶解中紅豆冰條垂下
那一刻我轟然如偷窺人間生死秘密
有種神秘的力量在我體內升起糾纏
我移步窗前，面向中央公園
每天清晨你有如做早禱的地方
花草蟲鳥請進你的十四行詩被頌讚
可是現在你去了，一位我熟悉而正直
生命是詩詩是生命堂昂詩人
你不再來了，我要告訴陪伴你晚年動植物
湖畔的天鵝和水鴨也請暫時停止嬉戲追逐
讓我們沉默輓歌追憶你年青時代護國戰爭
印在歷史內頁血跡風沙塵埃半掩半蓋音容
若對己對人忠誠不要介懷回憶錄是否留下
蝴蝶蜜蜂小松鼠有你詠歌祝福
我的生命有你神秘力量的啟示
朋友們都豎大拇指，說到你的人格和友情
今年夏日花圃，中央公園呈現殊相的美麗

註：黃陂，屬湖北省武漢市漢陽區，郊區木蘭山是道教聖地，有磁場，風景秀麗。詩人遺言囑咐兒子在該地建立紀念館和藏書。

2003年6月2日初稿
2003年6月6日脫稿

過期的愛情

上星期三妳買回來
那一盤桃子
留下兩顆最大最好的給我
我也捨不得去吃妳的喜愛
看著分秒朝夕流失的汁液
紅艷的表皮逐漸乾皺
宛如妳顏面風華消失
細味思量果內基酸組織
破壞和果仁的變味
時間中易容誰敢吭聲抗議
感慨與頹喪我木然坐對桃子
桃子冷然地嘲笑我牙齒搖落
好極了,我狂笑
買回一雙更年期的水蜜桃

2003年8月4日紐約

送別友人

在看破紅塵和被紅塵看破
之間的路上你說來就來
拎著巖石造型的臉孔皇后區現相
兩年了老友，暫別用孤獨砌成的巢穴
摘取阿拉斯加天空的空明
你給我捎來不惹塵埃的手信
當眾生和俗人如我僕僕紐約大街風塵
大都會的色聲繁華你不起眼鏡架下
儼如遠眺北方不起波瀾的湖泊
高樓的建築群怎能與生命體群山排列
將就些吧，請你在法拉盛小公園坐下
讓夏日夕陽烘熱我們半輩子底友情
重溫我們對文學與寫作的傻勁
看著火車隆隆遠去載我們往來古今
縱論中西文化溯源上中世紀
說經論文你仍是個從線裝書上
走出來穿西服的書生
你眼球在鏡片下重燃青春再現儒雅
突然你長身立起輕抖衣衫
你說要走了趁夜色尚明
說走就走忘記留下離愁

朋友們來不及咀嚼兩個多月共餐的甘怡
新締交的友人細意欲把你拔腿腳步纏絆
樹上蟬鳴也齊聲止息沉默地彷彿送客
我把你揮袖的灑脫笑談來去記在晚風
夜色尚明你無從遙指月圓月缺定約歸期
唯有賭城巴士輾過揚起破碎報紙和濁塵

2003 年 9 月 3 日紐約

黃先生和黃太太

在回家的街道角落
遠遠看到一對年邁夫婦互相攙扶
深秋落葉點點落在他們灰白頭上
靠近時候才清楚是黃先生和太太
我吃了一驚寒喧一會我問
"他回來了嗎？"
我認識黃先生大概有十年了
他在我居所附近開了一家雜物店
售賣樂透彩票文具糖果香煙中西報紙
時裝雜誌但從沒有見過脫得溜溜刊物
好多年前我把《一行》詩刊在寄賣
那時候他笑得開朗暢談留學日本
黃太太外忙內忙收銀機敲打有勁叮噹
黃先生忙中有空讀我在報上發表詩文
寫到報紙幾個月前美國派兵到伊拉克
《世界日報》登載黃太太在左黃先生在右
中間是穿軍裝兒子的相片
還有一段詳細的報導
胡森銅像被拉下不久黃太太高興說
"他七月中會回來了。"
我說希望有幸認識她英雄兒子

七月巴格達街道每天美軍被冷槍射擊
八月過去了歸來日子在改期
胡森家鄉頻頻有自殺性炸彈在爆炸
九月過去了沒有消息
聽說是軍事秘密不能打聽
十月初黃先生和黃太太把店子轉手
十月中他們突變龍鍾老人
昨晚電視上看到巴格達大爆炸
榴彈炸彈攻擊紅十字會員警大樓
我只能替那年青軍人繼續禱告
回來回來平安健康回家

2003年10月28日紐約

紐約的陰影

紐約的陰影有多樣色彩
夏日街上艷陽無閒瞄射妞兒們
開胸露臍小背心下刺青
男人眼睛都放在警犬的
鼻子上就可以說明
托著機關槍國防軍手扣槍杷
警察墨鏡底耽耽倒霉行人疑有兇相
來往車輛負荷扭曲的浮動
華爾街證券交易所軍裝或便裝
等待的焦慮在三度空間若暗若明
聯合國自由神像有名地標
直升機和軍機冷冷監視藍天綠河
荷蘭隧道布碌崙橋都不敢偷懶
卡車禮車水上陸上超時加工盤查
靜默高樓只有消防車救護車互對話
曼哈坦紛擾儼然一座備戰的都城
文化藝術娛樂金融罷了雄踞天下
無形的敵人若說狡猾奸詐
以一齊去死方式襲擊有形
儘管市長警察局長強調措施安全
財力和人力的消耗神經終會拖垮

種族和宗教人們內心長藐藐分差
都市心臟血管如何導流停止通向仇恨
徒然治療不了共存的領悟付高昂代價
小市民似我穿梭地下鐵道心跳肉驚計算
悲情紐約每年多少次在橙色警戒陰影下

2004 年 8 月 2 日紐約

半醉半醒走進「盛世文明」的地下

喝光了四樽 1989 年紅酒
午餐後朋友們又拉又哄要到
大都會博物館看"中國盛世文明"
朋友半是"ABC"半是"CBA"
他們開玩笑說我是個
穿番裝胡思底漢人可作嚮導
開始時候我不知道對考古學家
的發掘還是對盜墓者道謝
從東西兩漢 550 年至南北二朝
從黃河流域到長江流域兩岸敵對
兵燹的遺禍權勢的豪奪剩下幾許石頭
假若不是警衛橫目直立的監視
我想跪下來借酒興向祖先鞠躬
所有在地上文物都被破壞毀滅改建
歷史價值與美學價值在經濟價值下泯滅
就是中國人引為驕傲的唐朝
留下一本《全唐詩》還有什麼
而字體的缺漏與簡破愧對先賢
好彩老祖宗預知有術永生有法
在雙腿一蹬的六尺又六尺乘六足的地下
陪伴君侯權貴是陶俑釉壺金銀玉璧

青銅時期宮庭逸樂到唐代權力爭奪
北魏佛像的笑意有否勘玻了生死悲憫
守墓怪獸鎮靈壓邪豈止是座造像
我不敢猜疑中國盛世是非凡間盛世
絲綢之路如今剩下也許尚有前人風沙
細觀先祖破土劈棺留下的遺物
長嘆古人無眼無珠看今人
黯淡燈光下我似走進詭秘的古墓
在竹林七賢磚石拓片下
劉靈畫像前我暗說對不起
沒有帶來一瓶 1989 年的紅酒

註："中國：盛世文明"（China: Dawn of A Golden Age）。地點：紐約大都會博物館（The Metropolitan Museum of Art）. 日期：2004 年 10 月 12 日至 2005 年 1 月 23 日。劉靈：書本通稱劉伶。

2004 年 11 月 20 日紐約

狩獵

"兩條春卷一個蝦炒飯
一碟青椒牛肉"
就是如此一通電話
佈下陷阱捕殺獵物
當非裔青少年厭倦
打機巷戰的不真實
待外賣郎縛妥單車
拎著猶冒熱氣食物
他們從政府樓宇梯間
或空無人居房屋竄出
腰掏出手槍指著鼻尖
把所有錢交出來
拿著春卷咬兩口
擲在地上"這 Fucking shit
也能吃嗎"
他們看著獵物面青打抖
相對狂笑"你走吧"
依然有祖先在非洲狩獵
的身手近距離射殺目標
只是有失娛樂性也欠英雄感
外賣郎抽腿有如小鹿

"回來、左眼、中"
那個名叫陳發華送外賣的
四十歲男子兩天後腦死了
這個不論季節
都市叢林行獵的故事
連新聞版面也麻木了
不過寫下來讓要偷渡到
黃金國的同胞有個譜子
而春卷，內包多少苦汁的餡料

2005年10月13日紐約

安琪琳娜・裘莉 (ANGELINE JOLIE)

是亞洲男孩的母親
是非洲女孩的母親
今年狗年狗女的母親
全世界狗仔隊伍將伊
放在鏡頭內圈圈成地球焦點
老實說我並不是伊的"粉絲"
只看過伊演兩三部三流電影
得到最佳女配角金像獎
那電影我也寫不出名字
但記得911事件之後
電視上看到伊是明星們
捐款第一人兼出手不輕
後來擔任聯合國親善大使
許多第三世界窮困的地方
伊的高跟鞋半黏濕泥可是
愛滋病兒童臨死前如遇天使
貧病的婦女有活下去的理由
伊雖然沒有做世界和平實質工作
但是平和了世界上受苦難的心靈
這地球也因伊走過而格外地美麗
非洲大地因伊生育人們生出關懷

給電影明星寫詩並不好
意思尤其是外國的
但是寫十分有意思的
亞洲男孩的母親聊是破例

2006 年 6 月 7 日紐約

陳宇庭和央金拉姆

甚麼是愛情和婚姻呢
陳宇庭和央金拉姆的故事
咖啡店看了一遍，在報上
略瞥四週青年男女圓潤的目光
回家細思重讀
書架是愛情小說與錄影帶陪伴
今天我坐在公園長椅覆閱舊報
地面的微風輕曳枝椏細葉紋影
仲夏艷陽下尋找現代男女內心底線
垃圾桶內塞中英報紙社會版的破碎
我解下頸項間掛戴的唸珠
凝視大寶法王正背面不同的法相
心誦真言祈求精神念力加持力量
古今兼程遠近來去我唯商借瞑想
漢藏兩族聯婚圓滿溯源公主文成
散花高原綻開平原風雪雨露
松贊干布洞開唐蕃關閉門戶
現代版愛情穿串兩顆高貴的心靈
前世與今生的緣業明證修行軌跡
輪迴與轉世在藏傳佛法中並不玄虛
家族的基因和地貌環境約略地說明

自我的昇華明點和拙火有清楚說理
眼前孩童鞦韆架飄蕩若高若低
高低上落青藏鐵路蜿蜒開啟了
漢藏兩族一廂廂盛裝融洽運行
導行向未知好奇和吸引乃誘因
維護藍天雪嶺底淨土要種善果
他日假若有緣上路
高山症預防以外毋忘佛法有情
情愛底故事裡長出寒土和中土
兩株最美麗的蓮花

2006年7月31日初稿
8月6日脫稿紐約

潦倒紐約，少林武僧自縊

"喃嘸阿彌陀佛，恒哉！善哉！"
……

十八羅漢揮出，手足肋膝肩胯
外三合劃地為圓
昭陽拳縱橫開闔，眼神力氣意念
內三合吞嶽若方
拳臂指掌擒拿四度空間
龍遊虎躍豹騰鶴翔蛇行
爐火焱煉五形如何人形
投身洪爐莫若眾說紐約
民族大熔爐來自世界
各地英雄好漢偷渡客
皆有備跳進火鍋或油鍋
超卓者烙熬與凡庸錘銼
半人半獸狀似五形欠多磨
遑論衣著神職大士也削職降級，
嗟乎每人每天皆營謀汲汲
生活熱鍋剩餘半截神聖
莫笑眾生芸芸鑽營忙生計
長恨此地談空容易破空難

紅塵萬丈一擲山河帶
絆足纏頸生死本無界
徒負祖師西來面壁石
回頭無岸二祖立雪亭
長嘆只道未進藏經閣
……

"喃嘸阿彌陀佛,悲哉！哀哉！"

註一： 2006年11月27日紐約《世界日報》A1要聞,標題"潦倒紐約,少林武僧自縊" 借用為此詩題目。原意武林一脈,心禪同源,為27歲武僧釋恆善紀念也好,悼念也罷,而寫。

註二: "少林山河帶",布狀。

2006年12月3日紐約

冬日
——詩寄極北

在漫長的冬日
想你踏著愈積
愈厚的雪堆
一高一低
的腳步
夜色緩緩下沉
想你逐漸逐漸
呵氣凝冰的眼鏡
熟讀了四季轉易
生老病死的內容
一幅智者的容貌
翻閱大地如書頁
拐彎在長街盡頭
冬日好像是別人的

2006 年 12 月 6 日紐約

圓神明照

好飲好食又好住
他回到故國
身體養得肥肥白白
淚腺就份外敏感
請朋友帶去看圓明園
他在國外博物院見多了
書法繪畫陶瓷雕刻玉石
青銅器甲骨文斷首佛像
盜自這裡的贓物
眼前是大水法遺跡大理石浮雕
精工而細緻石質肌理啊遠瀛樓
華北塵沙中曾經吹過希臘古風
蔓草灌木叢追憶海晏堂宮女們
伸臂張口青春少女燒焦的肉身
雀鳥唧唧啾啾疑是絕望的哭聲
為什麼這裡沒給龔半倫①
做一座贖罪的造像他想
也許愈來愈多似這種人模人樣
偷搶砸便了為什麼還要焚燒
半個中華文化一代清朝精華
火光黑煙裡看古人只有一個

法蘭西雨果②仗義講話
若到巴黎去墓前別忘一束鮮花
長久等待了百年來屈辱傾瀉
祖先們海內外潛積淚腺眼水
他肅穆泫然合掌下拜皇天后土
讓淚滴澆淋青嫩雜草快高長大
好蓋石破殘垣歷史的傷口汨汨
伴不倒斷柱朝天指證海盜默默

註：① 龔自珍 (1792-1841) 清朝文學家、詩人。兒子龔半倫, 1860 年 10 月領英法聯軍攻北京, 燒圓明園。
② Victor Hugo(1802-1885) 維多·雨果, 法蘭西文學家, 詩人。

2007 年 1 月 31 日紐約

哭訴倉頡

好飲好食又好住
他回到故國
身體養得肥肥白白
淚腺就份外敏感
走在街上高高興興
注目高樓禮讚祖國的豐年
鏡頭下同胞歡顏暢露喜興
快樂的心情讀著街名路標
交通條例和公共告示
準備整理去重新認識
這塊出生也陌生土地
他猛然感覺斷裂腦橋
左腦和右腦失去聯繫
滿臉流下眼水兼鼻涕
以為花粉過敏來早了
吃藥過後原因才知道
讀罷殘廢不全的字體
他狂躁嚷叫要找倉頡
要去開封要上秦庭
路人避開笑語竊竊
別阻地球移動旋轉

他說李斯轉換大篆爲小篆
陸邈牢房內裏竟然創隸書
東漢讀書人許慎文字勤修正
淘汰和整理經歷悠長之路徑
唐朝徐堅窮年編著《初學記》
宋代王洙覓字集形存《類編》
前人一點一撇鑄字兼造意
以象爲形以形爲義
數千年血緣傳承之基因
培育民族圖線方式思維
天賦領悟抽象文化智商
有空何妨翻看《康熙字典》
豐厚百匯先人智慧結晶
請問有誰認識元朝"八思巴"
意識裡潛藏傳統中華民族性
感天謝地遺傳因子也謝祖先
你看如今請看啊他喘氣說
日常用字無故地失蹤
古人苦心用意姦污了
那些殘疾無義害病字
遑論美感線條的歪曲
千秋文化破壞遭肢解
那些白作聰明學術人士
胡搞亂為卻無超越古意
該罰長立出土漢墓靜省思

他說上山下鄉要找倉頡
不能忍受精神上的殘缺
要控訴謀殺文字的兇手
他亂吼到處又亂叫
醫生開方嚴重話病情
一定要速速離境
他回來紐約我去接機
他看來養得白白胖胖
說話有些瘋三癲四
好飲好食好住似忘記

2007 年 3 月 10 日

道別咖啡店服務員

不再一樣
咖啡的甜香
失去你體溫添潤
盈盈笑意溢杯
整個店面燈色
隨你帶走半片暗黯
往日的笑聲清亮
眾音中失去回響
張挂牆上的畫圖
轉移懸在我記憶長廊
黃昏裏構成星星月月
閃閃靚靚

2007年3月14日

紀念畫家詩人秦松

我們曾經乘坐長長的列車
陽光穿過窗戶溫熱的探望
他尚未蒼老的容貌
熱情招呼剛上車
我引介他四週人士濟濟
流滲初秋汗味車廂的擁擠
他嚷著站起來要讓位
我說企立看到更遠的風景
笑言何能坐你先到的椅子
車軸轉動爭論我們的互動
他舉拳言詞激動朋友們
溫和看著他體內過多激素
擴散的腎上腺化為畫圖
窗外浮雲與流水皆觸動
他工作和行為動機之牽動
我說行動表面內應如不動
可是有時寫禪畫禪
聽不進我的野狐禪
酒的灑脫煙的虛渺醺混油彩
相送窗內窗外茫漠的旅程
稍後我轉換另外一個車廂

回望他臉面塗上晚霞白髮灰鬚
轟隆的車聲和音他心膛躍動
一生敲打青春韻律的隆咚
最後道別是淡淡的祝福
驟然聽到他半途下車的消息
不想計算是中站還是終站
是此岸還是彼岸這位藝術為藝術者
詩畫也許隨風散軼身後
天生慷慨與強烈性格
莫論國內國外一定
慈悲的大地收留其顛倒的魂魄
不禁想起噢我們曾經共同
乘坐列車有晴有雨的往昔

後記：

　　三天前無意又翻閱嚴力詩畫影集，內有一張 1988 年合照，背景是中城一家中餐館。相片內是秦松、顧域、北島、王渝、嚴力、張郎郎、貝嶺、沈忱和我。我意識立刻流進往日逝去美好的年華。

　　秦松是我在紐約 80 年代寫詩第一個朋友，之前對他的版畫已聞其名了。他介紹我認識當時在《中報》編"東西風"的曹又方，《華僑日報》編"海洋文藝"的王渝，最初《一行》詩刊成立的諸友。因為他的關係許多文人畫家後來成為好朋友和為我詩集寫序的盛意，我在此記述，除了銘謝以外，我想強調對友誼的熱忱，是他性格中爽朗的面貌。

秦松離世數月了，我相信他不在乎人去後那杯茶是涼是溫，他藝術家反世俗的性格，不為利慾妥協的傲骨，是我敬佩的。

雖然我們在寫詩看法有很大的歧見，而且常常爭論，可是若不用我熟悉的方式，表達我與秦松多年在人生聚散緣份的離合，我也可能愈來愈冷漠與冷血了。我誠心放在照片上面，祈求念力的加持，對往事的追憶不能還原，願對故友的追悼可以加深。

再記：

沒有直屬親人，來者三四十位朋友，沒有素花哀弦，只有哄堂笑聲。當靈堂錄彩帶播故去者，生前在其友人婚宴中，舞蹈，猴子樣歡快躍高竄低。殯儀館進門架立去者書寫的詩稿，靈堂內張掛數張逝者色彩明亮的油畫。眾人讀著桑一良《秦松和他時代點滴》，向明《看似站在圓中，其實立在方外》——痛失老友秦松——紀念文章。

朋友們次第站台細說去者生前趣事。剛從上海回來的嚴力朗誦秦松在《一行》第五期一首《戰場與古墓》和我登《新大陸》第二十三期《戲寫畫家詩人秦松》。

秦松逸事寫來可能成書，但是不敢佔去刊物太多版位，就此行止。秦松十多年來在《新大陸》刊載詩文讀來怪趣，又是詩刊顧問，若與詩友共同懷念，略紀秦松追悼當天（7月27日），也非多言"實是：生有何歡，死有何悲，生生死死，來來去去。

2007年6月24日

GOD BLESS AMERICA

God Bless America
洋基球場七局下樂隊奏出
脫帽與五萬多觀眾起立
眺望蒼穹看神如何聆聽
五架軍機做俯衝滑翔遊戲
五色噴射雲吐幻若虹
彩筆在藍天寫迷離詩句
我希望王建民健康每年
都有廿場的勝投
A. Rod 五零一個全壘打
瘋狂了洋基球迷最年輕記錄
Barry Bonds 破紀錄全壘打三藩市
海灣漂浮類固醇掌聲夾雜冷笑
Tom Glavine 三百勝的投手
亞特蘭大和紐約都抹上光彩
那個洛杉磯 Anaheim 球場
碩鼠日場夜場都在開大食會
美利堅的夏天是棒球的夏日
微雨迷濛的西岸西雅圖
到橋崩路斷的明尼蘇達
一個個全壘打射向北美天空

一朵朵煙花綻放人造星星
少棒隊小朋友來自台灣
沙地阿拉伯荷蘭和南美
球賽的快樂在世界各地
大人老漢男女小孩共享
可是千祈百望神不要偏心
也祐伊拉克巴勒斯坦和其它地方
就是和阿拉同坐喝杯何妨
當祢老人家天天聽倦了這曲調
God Bless Anlerica

2007 年 8 月 20 日紐約

血染動袈裟

深褐色的僧袍似乎不夠明艷
染上鮮血恰到好處
綠蔭大道長長的行列
沉鬱九月街頭寺院斷了鐘聲
一如六月的廣場被招待
一排排機槍子彈若棗子
讓不馴的兩腳獸去嚐嚐
武裝鎮壓最直接最特效
對付反應思維行動羔羊
世間所有經文縱然默誦
長守梵音莫若持刀屠夫
一頭頭的屍體浮沉池澤河邊
赤裸裸剝下僧衣標籤
若此泯滅僧人下地獄的許願
亂葬崗焚化場僧侶仍留悲憫
民權與民主墓誌銘誰垂碑文
靜靜曠野長記血水遇流水
沉沉歷史嘉言善行恕惡行
一朝一代孽業不斷上演
異國異鄉暴行袖手免費
無明的火苗滔滔皆偽善

莫笑國際上大人物敬請

幫兇主持公道來收場

不如讓和尚軍人互換衣裳

註：2017佛教徒竟迫害洛興雅族人。

2007年10月8日紐約

現場

電燈桿下
她繫上黃絲帶
零亂花束中間
逆風裡吃力
點了蠟燭
合掌喃喃一會
轉身離開
離開又回頭
一輛急速馳過汽車
燭光就此熄滅
唯見濕光
她眼角重映

2008 年 1 月 15 日紐約

失落了曼荼羅的地址

"……二十年來，無家種竹，猶借竹為名……"
　　——蔣捷《少年遊》

迷途在四方型的圍牆
繞著圈子拖著行李箱
上一個機場下一條跑道
東西南北門戶打開旋關上
請告訴我哪裡是詢問處
導引我正確道路回向
雪域壇城高原淨土尋覓心靈歸依
可是群山皚皚封閉黑雲霧瘴
火藥嗆味奪取長燃酥油的馨香
替代哈達鐵鏈套在頸上
暴力與死亡僧侶面前搖幌
不再懼怕那些傻瓜
他們表示領悟了中陰度亡
裝甲車輾過雪嶺機槍射向藍天
憤怒的年青藏民四處高喊口號
達賴喇嘛的悲苦唯神知道
呼籲著克制容忍和平共處
眼前急症辜負了古老良方

心靈的導師也束手雙方的顛狂
佛法的原意就是理性底智慧看
萬物從開始結合到消失的原因
無神論意識形態帶進了聖域
猶如不脫鞋子闖進和族庭院
是自己無知也對主人不尊重
一圈又一圈我仍舊回到
原地拖著行李箱
智慧不足找不到壇城方向
相遇的是歌壇文壇綱壇和天地壇
嶄新體育經濟政治的祭壇
登壇法師精彩作法
益增我迷惘欲語無言的自唱自彈

2008年3月20日春天第一天紐約稿。

汶川的孩子

汶川的孩子
在還沒有認識做人的權利
之前已經訣別了人間
留下的顏色在大地是鮮明的書包
也是遺下給父母絞心的回憶
陪伴著叔叔嬸嬸哥哥姐姐和老師
長長深溝內躺下上蓋泥土和石灰
沒有蟋蟀和蚯蚓作玩伴
土坡上的野花和綠草沉視荒涼
冷風從地底昇起雨滴來自天外
有誰能記取亂葬坑內的無名塚
當世界上兒童在享受快樂的
你的禍劫卻是朝開暮謝的童年
也許你有千萬個為什麼要問
我只能簡短地回答
"每一件事故的發生都有其原因"
當爬蟲類對孕震有預測的感應
地表震盪該有循進的痕跡
唯大自然律動目前人類是失敗者
你是受害者，汶川的孩子
紅星的嫦娥能夠飛到外太空去了

長抱恨地上人類對地殼移動無知
科學家終會給你疑難和怨恨解答
汶川的孩子
就是我為你唸誦千遍往生經文
聊表紀念你的夭折我的哀傷
假如在宿命輪迴裡求慰藉
願你犧牲的軀體長立山川為守護者
不再發生我童年多難你童年的劫難
祖國大地從此應該逐漸好樣
因為有你少小靈魂遨遊湖海為督察
以人為本道理和諧以自然平衡真理
汶川的孩子

2008 年 5 月 18 日紐約

花瓶看到的家暴

不清楚首先是誰
敲了一道裂縫
高尚的花瓶不再高貴
假若換一個位置去陳述
在證人座位起立
"法官大人,首先多謝把我重新包紮"
開始時候是男女主人互相指責
彌漫空氣裡房間氤氳代替花香
指手罵鼻上演猶如默劇
女主人賞了男主人一巴掌
男主人把女主人推倒地毯上
女主人爬起隨手掄板花樽
摔向男主人站著的方向
男主人閃躲我全身碰在魚缸上
雙雙金魚在花枝間撲撲
古代仕女斷裂華美裙裾片片
房子搖墜如在暴風環罩裡
一枝玫瑰滾向門角空隙處
給受傷最重的小女孩

2008 年 9 月 28 日紐約

窩在牀上做的

除了愛以外在床上
可做的事情還是多蘿蘿
例如和英武大帝
秦始皇做個問答遊戲
請問那幫無厘頭
非正派人事更是
政治不正確寫現代詩
那些傢伙是嗎也要被坑
如何致富升官發財
升學名校和鹹書
暢銷書怎捨得焚燒
也可以跟漢武帝開過玩笑
將司馬遷陽性去勢
史官傳後子孫陰聲陰氣
少掉書囊多多擦鞋
最最厭惡那個趙光義
呷醋李煜書詞好靚賜死算了
何必一定要用牽機毒
性虐待小周后猶未過癮
還把花蕊夫人當箭靶
只因爲要求漱口才接受親親

報應他右屁股挨了兩箭

他左屁股也該再版重演

王維和李白爲什麼不能做朋友

同齡同時住在長安

同飲黃河水做的酒

圈子內一堆共同

孟浩然高適拍搏頭老友

就是互看不順眼也不順招

詩人大會你不誦我的詩

我也不唱你的歌互捧臭腳

過去也現在文人最多情意結

到此而止這個遊戲不再連續

未完成戲集請別人去寫流行通俗

我要起床吐一口歷史的悶焗

2008 年 12 月 5 日

四月記事

四月是冷酷的月份,丁香在回憶和慾望荒地上雜生
　　── T.S 艾略特《荒原》

四月是生命週期性復甦的季節
樹木表皮吸飲春雨飽暖下伸腰
幽草在石縫隙揚起和風底嫩綠
花圃內枯枝也抖褪冬眠的殘雪
雀鳥轉換一種清脆新的鳴音器
紐約梅西公司宣傳大型花展
櫻花華盛頓盛放春日之華麗
落紅隨流水潺湲漂飄也圓又方
宛若從珠海回流台北生死預知
悲喜招待死亡那病弱女子勇者無畏
生命的花瓣灩灩地流回那舊地藍溪
事件發生都在欣欣的四月
意大利古城地殼翻動隆隆
生命意念仍是大自然操縱
賓漢頓子彈橫飛命運邪邪
槍枝的監管還是空文了了
重讀詩人四月是冷酷的月份惻惻
都在四月槍殺林肯總統馬丁路德

哥倫邦高中維吉尼亞理工大學
也是在花開的四月流下了血腥
1993年4月19日76人死亡
德州大衛教派與聯邦駁火難以遺忘
荷馬市聯邦大樓被炸兩年後同月同日
已寫進美國恐怖悲慘行動第一頁
而最重要的內頁是全球人類
愈來愈多新的變種在催生
上自總統夫婦高官與總裁
下至食物滲進化學物質商人
貪婪和慾念把人類徹底物化
一個個變成無靈魂拜物奴隸
下跪親吮腳趾匍匐浮士德
倖然復活節就在這個週末
我不是天主信徒偶爾也上教堂
陪伴家人看大家穿新衣戴怪帽
並去默思人類與宗教逐漸疏遠
唯仍是震壓人類內心獸性力量
雖然已經乏力我仍是誠心合掌
在未來年月應該如何自我救贖
上帝已死尚活在復活節不去再想

2009年4月8日紐約

在酒樓遇上關二爺

盯著面前這碗
飄著煙的銀芽鮑翅
就是不敢張嘴動匙
固然因他是姚明的"粉絲"
拒吃魚翅擁護者兼環保
其實最怕那柄青龍刀
當他抬頭目光相對
眼角那還不甘下垂
就像割魚鰭這般
他能不怕頭顱被割下
口是心非的人
關二爺饒過了誰

2009 年 6 月 28 日紐約

塗鴉

他常常想提起手機
給遠方送話
"自從您老人家走後
大家日子都好過了
萬勿牽掛"
但下面的話不敢說
也找不到陰間號碼
"請您老人家
挪動聖體
入土為安"
所以手機拿起
又放下
紙上塗鴉

2009 年 10 月紐約

送友回歸

"紐約，紐約，遍地黃金
可是，可是，不是人人撿到"
說話中你掛上背囊
拎起手提電腦
按下仍冒星火的最後煙蒂
目送你乘氣駕雲而飛
縱然數十年來你中央車站
進進出出找不到讓行李棲身依然
華爾街煉金礦場每天
上班下班煉金法術是別人的永遠
能吃街頭檔攤熱狗已經該飽
喝一口溫熱烏龍和茶渣嚥下
公園大道富豪千門萬戶
那一扇後窗是為你而開
百老匯璀璨炫目的舞臺
角落鼓掌座位也沒有給你留座
大都會博物館公廁古典流水
洗醒了你東方臉孔的山水
屢道對鏡暗說紐約來去
只是口袋內斤兩不足無言說回饋
大蘋果何寬你的方圓何小

看洋基棒球尼克籃球偶爾
站立脫帽唱國歌麥迪森廣場
忘詞斷句嘴巴欲張牽動鼻酸你感冒
有國無家印記護照上的許多地名
像你這樣隨季節移動漂流著
民族洪爐也熔不了因花絮而浮離
長立時報廣場仰觀浮萍燈色待晨星
能不長太息而說後會無期紐約紐約

2010 年 4 月 20 日

時間

時間沒有腳
卻到處遊走
走啊走啊進出歷史
遊啊遊啊搖向未來
這傢伙最是頑皮
無影無形把人逗弄
只有躺在墳墓的
略知三四

2010 年 7 月 17 日紐約

掃墓

他拜罷祖父
順道探訪
中外的鄰居
一座看來尚新
晨曦中的碑石
刻著這樣墓誌銘
他掏出記事簿
怎能不慎重長記
（酣睡於斯
別再動氣新詩）

2010 年 8 月 10 日紐約

請看斯人

他可以穩穩地坐在
紐約法拉盛高級餐廳
高擎香檳細嚼肥鵝煎肝
或與朋友們圍爐火鍋狂灌白干
可是吃滲進沙石牢飯他更喜歡
他說有萬萬千千冤魂亡靈他要陪伴
只有在監倉底層才聽見他們的呼喚。
天賦他膽囊如雞蛋心瓣結構若海綿
亡靈冤魂們就推舉他代言傳訊
生平在陽間得不到的請他繼續爭取
公理人權民權平等自由這些奢侈品
就算做鬼也要見識見識
什麼叫做非暴力的政見
一個戴眼鏡學者良性的溫和
笑壞世人羅織罪名竟然顛覆國家
這個國家也該停止製造武器解散秘密警察
建造更多的監獄永保太平
讓那些敢多話的傢伙屁股在牢房坐爛
〔謊言之於維繫C國的專制比刺刀更有効〕
他如是說，戳穿建立在謊言上愚民的國家
當普羅大眾都為自身利益算前想後

如此自我犧牲的磊落人格
不正是支撐民族靈魂的不墜麼
若仍有人對斯人說不遜的喧嘩
何不大力自摑嘴吧
當純種白鴿銜來橄欖枝
竟說成天外飛來毒草的鬼話
只有空椅子在說人話：
"悠悠蒼天"

2010年10月8日紐約

龍應台在法拉盛

蒙《世界日報》盛意邀請新聞界和文藝界人士，參加龍應台《一九四九大江大海》新書座談會，後寫。

那個有男子胸襟似漢子磊落
纖巧心靈而坦蕩的善女子
竟然把鐘錶內部乾坤
扭轉停擺在一九四九
江海的波濤那一天在法拉盛
幻化片片飄雪我若觸目紅塵的清涼
世事的煙幕洞破被一枝銳筆
人間爭端白紙黑字從容說理
錯誤的時辰錯誤的國度背負
生命的誕生中國人難道也有原罪乎
請問主政者主持江山為何只沉不浮
江海浪潮衝向美麗島嶼倖存民族元氣
勝利者有醜惡面孔失敗者有悲壯尊嚴
感謝那向上蒼朝拜心香一柱
裊裊的馨香穿越年代黃土黑土后土
慰撫了在座的心靈遠道的亡靈

期待五年後重臨拭目新章
國事世事善女子有識再傳心事

2011年1月11日紐約

輻射魚

終於躲開了掠食者的追捕
就像在陸地上的熱帶雨林
海床低層豔麗的珊瑚礁海藻海葵
建立一座天然防災區
海洋水族冥冥中有所喘息
在日本東北角海岸深處逍遙
海洋生物有幸享受片刻生命自由
因為膽怯人類不敢受用輻射海鮮
鯊魚的胸鰭和背鰭就不怕被砍下
沒有被割掉導航舵被拋棄而死去
海鰻海龜海膽海參團聚深海花園
鮪魚鮭魚銀魚金槍魚比目魚大游
大擺在家鄉蔚藍海洋搖籃
蝦蟹龍蝦帶子牲蠣逃過做刺身
壽司陪伴芥醬分屍的命運
食物鏈主宰者細嚼也該細思
欲求昂價與美食膨脹的口慾
生物鏈重大破壞濫殺又濫捕
大自然做裁判來反擊若惹怒
給弱小生物平反作修正保護

2011 年 4 月 11 日紐約

失蹤

看你鬍鬚尺量
年紀成輪
髮型有點衝天犯上
藝術家招牌難免
攤賣不正確異議異味
官員們就喜歡撩你
來玩捉迷藏遊戲
可是他們遊戲規則不守
你就下落不明
母親妻子呼求也不應
長官們耳朵偶然重聽
呼籲一片黯然無聲
我跟隨普羅大眾
雪亮眼睛睜大卻不知醒
大家都想知道小民百姓
他們在玩是兵捉賊
還是賊捉兵

2011 年 5 月 11 日紐約

紐約僑胞很漫畫

仲夏在法拉盛緬街
陽光下路過一家咖啡店
假若那天有 I PHONE
拍下這精彩鏡頭
就一定參加攝影沙龍
一位鬍子刮得亮光的同胞
脫下腳上的涼鞋
穿短褲大腿高踏在椅子上
一手拿著冷飲呷著
仔細讀著枱上報紙
非常受落搓著腳趾
開放式的玻璃透明內外
左眼能看不清右眼的東西
行人如我投予注目禮長視

2011 年 8 月 12 日紐約

漫畫僑胞在紐約

車門尚未完全打開
如馬匹開籠搶閘
將肥佬的老外
手牽小孩的西婦
擋在後面,坐下
多敏捷的身手
我不禁多看兩眼這位
老中,結著領帶整齊西服
把身體左右挪動長高身段
臉上流露得意神色
好像表示整車廂乘客
站著,他上車座位在等他
慢慢彎腰把西裝褲腳
捲起到膝蓋上面
我皮膚灼熱起來
車廂內冷氣開放著
落車,跨向另外一個卡廂
怎能與不懂臉紅傢伙同車

2011 年 8 月 12 日紐約

漫寫新移民理由

一百五十年來的離家別井
若說起原因前人有前人的前因
後人有後人的後果
或許有一百五十個理由
當代後來者只凝成一個
因為從前的傷口不在自己身上
今人有誰追究在乎
並且為什麼一定要背負
過去的陰影渡海飄洋
我知道有些人就是這樣
星期日在唐人街喝過烏龍
吃過蝦餃啖過鳳爪剔著牙
高高興興懷著唐人最容易
快樂的理由是讓腸胃漲飽
因為在這裡孔雀綠安心不怕吃到
孩子長大成人了也不會畸形怪狀
食物添加劑長年毒害大眾
致癌食物到處時刻在提防
肉類糕餅和飲料加添上色
亞硝酸鹽使肉味更香更濃
污染食水連工業廢料連化學藥品

揀飲識食民族回返飢荒年代恐慌
大家看到吃到只有上天詐不知道
瞎騙愚民真相高鐵踫撞清理埋藏
別題官商霸佔民產集體以死相抗
難道這些理由不夠離鄉別井麼
偷渡關山非人扮蛇別問價格
說是夢境尋求實為眼圈擴大
不然就與家鄉田園共看荒蕪
長守枯井唯有和破甕流水合污

2011年8月15日紐約

唐詩

看朱成碧思紛紛,憔悴支離為憶君。
不信比來長下淚,開箱驗取石榴裙。
　　——武媚娘《如意娘》

門外一陣馬嘶嘯嘯
想是你來了
好多年好多年的等待
我起坐跨出門檻準備
迎接拖地繡花的裙裾
卻是一朵黑牡丹
開在哈雷機車上面
羅帶恍然消失晚風中
放下手上的《全唐詩》
長街空氣振波隆隆

註：武則天出家時贈唐高宗李治詩。

2011 年 8 月 18 日紐約

宋詞

風流事,平生暢,青春都一餉。
忍把浮名,換了淺斟低唱。
　　——柳永《鶴沖天》

友人問我

喜歡宋詞不

想起八九百年前

詞人長袍闊袖

大搖大擺輕搖

瀟灑跨步青樓把扇

樂工奏樂歡迎

伎藝送懷把臂

殷勤吐語多麼文明

沒有掃黃禁令

都是靠女色吃飯

現在怎比從前

若是不相信

請問柳三變

2012 年 4 月 11 日紐約

詩與歌

詩與歌的結合
是古人的聯婚
可是在今日此時
琴瑟的和音
共鳴器已碎裂殘破
不妨就此分別離開
也不用計算財產分配
因為詩還是個窮光蛋
歌已是個富婆
假若仍有人想高攀
乃可夜夜卡拉 O.K 狂歌
將詩留給守貧知樂的傢伙

2011 年 8 月 20 日紐約

秋日的西風

秋日是西風和樹木
談愛調情的季節
嘩嘩喇喇的親蜜
轟烈的愛戀呼嘯著癲狂
輕輕地颱風從地表昇起
柔柔拂撫每個枝椏關節
所有林木皮層如被按摩
纖維神經倒向生理逆轉
情慾燃點挑撻了更年期
搶愛爭寵瘋狂整座樹林
每天變換彩衣招展迎風
待到袒裸赤露瘦幹病立
遙眺無形無跡遠遁颳去
那宇內第一號冷酷情郎
留下荒園遍地殘枝枯葉
大自然實驗室和合性空
循環不息別被假有戲弄

2011 年 11 月 8 日紐約

林書豪（LINSANITY）

巨人足球隊捧回來超級杯
盛滿彩色泡沫昇空紐約街道
百萬人慶祝為了爭嚐勝利味道
紛飛燦漫彩紙有若繁花
開在冬日裡趕走了北風
迎接凱旋藍色巨人飄揚曼鐵吾上空
球迷們激情沉醉贏球的狂熱
每個人臉上綻開節日的喜慶
佔領華爾街示威者快快讓開
曾幾何時有誰推測預期
麥迪遜廣場花園上演新的體育傳奇
如此快速的開場紐約人錯愕驚奇
紐約尼克籃球隊球季快去了半個
他們打來打去就像一團泥巴
兩個超級球星有傷有告假
教練唯有試用他無可奈何下
兩年的 NBA 經驗約略好過球童
四個球會炒完魷魚兼踢屁股
二月四日備胎球星終於破石出世
二十五分出手射穿了新澤西籃網
客塲主塲出手獨領球隊七連勝

挽救了球團救了教練自己也解綁
衝天的身手擺脫了板凳長幽禁區
切入籃下左右手擦板勾射和扣籃
盤球傳球餵球仰射跳投球場意識
球迷拍腫了手掌喊破了喉嚨
但是更多人喜歡他感人的故事
世界上有一半人大概知道他的名字
自基督教背景長大培養規範的人格
名門學校出來迎合普羅渴望的心理
十七號球衣遂成大眾代入英雄圖騰
想不到童話故事在亞美利加誕生
莫論他是 ABC 還是 CBA
先輩是陸上人或是島上人
他都給黃臉孔塗抹一層光彩
華人社區有了生活快樂和興發主題
走在馬路上脊椎格外堅挺
外賣郎送餐近日也少被黑人欺凌
而他依舊雪山湖水不能相信的清純
在這世人觸目拜金崇名的舞臺
不同種族都為他癲狂而他清醒如故
這個不世年青人不為他健康祝禱也難
一個月出賽竟驚動職籃好手如**林**
不**書**寫記錄這球史盛事也不可以
英雄**豪**傑別被弄瘋了小心路傍兒
我倒不在乎他未來捧到什麼獎杯

秦俑：我見

不懂秦代武士們行禮手式
歡迎到紐約來我抱拳致敬
杏仁眼珠顆顆
請問看到了什麼
是嗎車載如薪五銖錢*
兌換外幣溜進銀行在國外
盡是有五鬼運財神通的高人
盜國如盜鉤的王侯貴族
武士們可有押解回國的本領
我見手上兵器空空沒權又沒柄
不如喝三杯到酒吧時報廣場
見識鋼管舞金絲貓舞孃
再到大西洋城百家樂搏兩手
名店搶購耍顯古時兵馬雄風
不要認真喔我是開玩笑
細觀五千年文化什麼都有了
就是擠不出挑起嘴角的微笑
司法冷硬面譜是與非打扮看不見
世代綿綿都在怕用錯字和說錯話
萎縮君王權威官府淫威重重壓迫下
我想武士在地下聽到的聲音

都是強者在叫囂弱者在呻吟
改寫歷史古代到現代代代成事例
大家吃喝謊言習慣了就是營養
尚幸兵俑不吃五穀只是冷目觀世
看夠了東方來看西方真羨慕
瞧著大夥有溫潤大地故土等待回家
請在破損口袋內補妝一些國外黏土
為明君昏君暴君兩千多年後重服務
冥土下千萬戒備祖龍變色成孽龍
那麼有勞售貨員給我包紮
帶回去一對肅穆儀仗彩俑
聊是領略秦代兵馬干戈躍動的天空

* 五銖錢，漢武帝時製造，到隋末唐初，是古時使用最長時間錢幣。

2012 年 7 月 2 日紐約觀後寫

紀念南懷瑾先生

"願以所修福慧,回施有情。"
——玄奘法師

人間憾事無數
安能長立西風傾訴
……
"一無所長,一無是處。"*
哲人涅槃御氣羽化
太湖奇石沉重留言湖水深處
晚輩後學歷史書本定論短長
何幸兩岸弟子沾滿雨露福澤
世上有緣有情者皆蒙受定慧
眾說先生才高無從測量
著書寫詩哪裡一般凡俗
內功修行更見綿長
此生此世遺憾事物我何其多
唯獨未睹先生劍術最是神傷
文才武功道別時代最後宗師
默念北美浮雲雨水寄意隨行
沿著先生文字啟發智性路漫

回首故國過去凋零並不殘破
若有心採擷遍地是般若花朵
……
人生憾事如何算數
悠望遠方何處可訴

＊「一無所長，一無是處。」先生遺言。

2012 年 9 月 30 日於紐約

SANDY HOOK SCHOOL 20 名學童……

我真的希望
天空上面有一座天堂
比迪士尼遊樂場
更大更多玩具和花樣
開口呵呵快樂的米奇老鼠
不用掃帚飛行的天使
攜手玩伴身兼守護者
在天堂裡不會被驚惶
甚至可以放下書本
如果你們隨意喜歡
彈彈琴唱唱歌跳跳舞
打打球畫畫畫玩玩水
去做六七歲孩子愛做的事
童話裡的仙境任意飛翔
人們說這是比地上更好的地方
避開塵世白天也出現的妖魔
當隱性的邪惡不能控制
仗著手鎗來福自動步槍
行為錯亂幻變魔頭
病態分裂以為手握生殺權柄
意識中戾氣凝結憎恨和妒忌

對孩子們漂亮聰明和伶俐
小朋友們噢若是
你們探頭雲層下望
請寬恕地上的人們
無能建立天堂如同天上

註:「康乃狄克(Connecticut)州寧靜小鎮新鎮(NewTown)14日上午發生美國歷來傷亡最嚴重的小學屠殺案。」抄錄2012年12月15日《世界日報》A1要聞"尚有6位老師,校長和心理治療師為保護小學生面犧牲。"

2012年12月15日紐約

南泉縱貓

都是因為出了問題的智商
東房那派少了條慧根的和尚
這幫面子放不下和尚屬西廂
喧鬧喊打又喊殺磨刀兼擦槍
為了隻吃魚又能捕魚的肥貓
如果事情真正鬧翻了
東京皇宮上空導彈如飄落櫻花
北京紫禁城飛彈若霾霧的煙霞
和尚們請想想受難的兩京
省省罷千萬倍的損失犧牲
各說各話強辭公婆之理的纏糾
不如商借南泉的屠刀
臨濟宗東傳千百年如今仍見冥頑
一刀下去莫論是貓是島
請問誰看見南泉當眾斬貓
一代高僧悄悄把貓咪放走
言重心軟為了消弭一場愚蠢武鬥
想當然焉南泉只動智慧的屠刀
可嘆當世與趙州智商背道

2013年2月9日除夕美東大雪後靜
坐想念釣魚島局勢緊張而寫

四月的地鐵

車廂內張貼 POETRY in MOTION
一遍又一遍細讀
字行間的外文
似懂非懂
近乎呷著半樽
不知年份不知牌子
的紅酒
似醉非醉
十分過癮
身在何處也不知
只道是四月 MONTH of POETRY

2013 年 4 月 3 日

地鐵的曇花

地鐵在欲動未動的時刻
反方向的車卡緩緩進站
雙雙眼睛穿過車窗對望默默
她深藍眼瞳有如橢圓花蕾
眼角隱隱翹起綻開的展動
凝著呼息他意念
集結在頭頂中央
假借梵穴輪的力量
開墾一座無形的花壇
把生命中轉瞬而去
美好花枝移植而來

2013 年 4 月 14 日紐約

地鐵的氣味

地鐵傳播屢屢勸告
不要對流浪者和賣藝人
在車上施捨和行善
唯只有報紙和網路才說明
嚴禁在車上用膳
無人理會，警察都去了防恐
那天他在唐人街上車
一對長者像一雙鴨子
空位撲進，兩個老外起立讓座
老先生打開紙包食盒
豎直筷子挑起一件蘿蔔糕
老太太輕嚼細嚼韭菜餃子
兩股氣味衝進他鼻腔
直達腦門，胃酸在反筋斗
解開背包，掏出墨鏡戴上
裝做什麼也沒有看見
默誦："無眼耳鼻舌身意"*
身伴女友在他耳朵輕輕說
"親愛的，這星期不吃中菜好嗎"

* 《般若波羅蜜多心經》，是釋迦牟尼傳給世間凡夫俗子，成佛的心法，技法是……

2013年4月27日紐約驚蟄

紀念師傅陳克夫
（1916-2013）

"潔白的仙鶴

請將雙翼借我

不會遠行高飛

到了理塘就回"

——達賴喇嘛六世倉央嘉措 (1683-1706)

挾著神針的仙鶴

翱翔飛渡世界各國

武術種子一把一把撒落

外國孩子因功夫而習漢學

中原弟子承接古風脈絡

師傅！就這樣捧著大圓滿走了

留下後人複述一生傳奇的輝煌

澳門新花園擂台比武交手

混沌無極大爆炸演變兩極

陰極陽極洋姥姥中央公園练太極

太極掌門人吳公儀馳譽武術界

打遍大江南北無敵手豈是等閒

陳克夫闖東履西江湖未逢對手

飛虎隊教官英雄出道青年

何方高人不想武林跨獨步

兩雄相爭武夫不能做老二
不勝不負兩高手判決不和
民族高層次仁學一團和氣
高段招式化解武林意氣泯一笑
如此拉開武術世界的序幕
綿綿而來武俠小說又電影
輸送民族已剩下不多俠義血液
被寵的作家兩位即時臨盆了
動作明星和編導相繼爆紅銀幕
香江上空衛氣祥和島嶼不識冷漠
港人安樂中偶爾遠眺他方的不幸
假如隔河的那塊大地當年也如此
我便少讀厚厚暗黑的歷史
師傅！感嘆你的跌打藥酒
品牌尚未上市，骨折內傷有嗎傳世
就借鶴西去甘丹寺"駐馬停槍"
不生不滅"白鶴亮翅"回歸高原

後記：

　　白鶴拳是南拳著名拳派，命名繁多，有福建白鶴拳，台灣白鶴拳，永春白鶴拳種種，許是拳派中最容易混淆的名稱。陳克夫師傅在1977年2月，於紐約設立"國際白鶴派拳社。"

　　白鶴拳始自明末清初的玉樹地區，以八拳、八步、八指、拳掌指三法見長。傳至清代星龍長老，晚年退隱廣東肇慶，授徒廣州十虎。王隱林開宗立派門人有朱子堯，黃林開再傳弟子吳肇鍾。1952年在香港干諾道成立"白鶴派健身學院。"當年香港政府對武術嚴格限制，只能以健身院稱謂。吳肇鍾人物英爽風采，精醫術、擅古文、書法勁秀、詩詞蒼鬱，臻達文武兩途的尖端，有意無意間造成香港報紙上文人在文字上挑起1954年1月17日，澳門新花園吳公儀與陳克夫訂下生死狀擂台比武暗底導線'當年轟動港澳，也達成九龍石峽尾大火為災民籌款龐大數目的義舉。吳公儀父親吳鑑泉太極名師，陳克夫是吳肇鍾弟子三夫之一，欲知詳情，請開電腦。

擂台比武之後，影響深遠；梁羽生在《新晚報》數天後即寫武俠小說《龍虎鬥京華》，金庸稍後在《大公報》刊載《書劍恩仇錄》，胡鵬和關德興合作"黃飛鴻系列"的功夫影片，黃飛鴻代表儒家倫理道德觀的英雄典型，導演張徹是當年男性陽剛氣概的表表者；《獨臂刀》《刺馬》《馬永貞》《洪拳小子》《報仇》，每寸膠片充塞血肉和霸氣；傳統中人物對友情，守信、重諾、義氣和情義，雄赳赳男性主義挺胸昂頭，澎湃著意志力鼓舞著觀眾，能不回味那個時代那些電影？另一位對武俠電影有重大貢獻者，他深究明史，每一部影片用嚴肅用心考據，用鏡頭畫山水，用攝影寫詩詞。讓我抄下《中國百年電影》第36]頁一段來形容他："胡金銓的《大醉俠》似醉非醉的濁世清醒，邊疆關外《龍門客棧》的殊死搏鬥，禪意十足的《空山靈雨》，胡金銓的武俠片貫注了中國古往今來劍客俠士救人救世完善的自我理想……李安《臥虎藏龍》再現《俠女》裡那一片碧綠青翠的竹林，胡金銓的影響顯而易見……。"後面而來是古龍和楚原的合作，漸見武俠電影美學的完整，文學上的浪漫在畫面內更具體和優美。澳門擂台比武無形造成楔子，直線或曲線在武俠小說和武俠電影，開拓的創意擴充了無限空間。

我大概在1982年走進武館，作為師門萬萬千千個記名弟子，可是師傅不常在紐約，開始是師傅得意門人陳燦輝，我們暱稱"輝哥"傳授白鶴派眾多拳種最高的"綿裏針"（亦稱兜羅手）和"白鶴劍"，到現在為止我停留三腳貓的功夫；但我人生觀和宇宙觀整個改變和擴大，從武術中略窺易筋洗髓之法，從藏傳佛教"拙火"到瑜伽"軍茶利尼"(Kundalini)，自我意識到大我意識，對詩章的興發與生命的契合，有了深層的領悟。

　　這篇文稿粗略記下師門給我的啟蒙，師傅將我人生中層層門戶打開一條重要鎖匙，我的幸運，我的感恩。

註一：陳克夫灌頂藏傳格魯派。
註二："大圓滿"是格魯派代表性的軌儀。
註三：甘丹寺在宗喀巴晚年創立根基的廟宇。
註四："駐馬停槍"是"綿裏針"招式之一。
註五："白鶴亮翅"武術招式。

2013年8月6日紐約

哈遜河的秋水

楚天千里清秋，水隨天去秋無際……江南遊子。把吳鉤看了，欄干拍遍，無人會，登臨意。……

——辛棄疾《水龍吟》

喂！看那人身在西方
心瓣卻紛紛飄浮東方
與暮秋的落花相彷
腦袋裝著不中不西
也似中似西流下滴滴松果體
抽了半枝乾草後的興感
隨著哈遜河的水紋順逆奔波
濠水翻身又改道只在意識流過*
緩緩地那人在椅上長身立起
拍遍了河岸沿邊的欄干
誰人會迴看耶穌在水上行走
達摩馭著蘆葦從彼岸衡浪過來
倒是見到腳踏自行車一位青年
運用飄浮的氣囊渡河有如陸地
有頭皮者能不發麻天空皆無人飛機

驚嘆高科技無可招架無法離棄
不待州長合法對大麻頒令
那人想再找半截遺忘清醒
習慣了彎腰撿拾別人吃剩大蘋果的感性
外語唾沫傷害譏諷豈是抱著聖經就不痛
神愛世人神的子民是嗎也愛移民
無國無家無身份請看啦浪子那人
從甲狀腺虛擬吐出一隻百隻千隻萬隻
拜拜！乘坐秋末最後一班的蝴蝶而飛

* 濠水在安徽鳳陽,惠施和莊周在橋上觀魚諭道。

2013 年 10 月 21 日紐約

王渝家的陽臺

王渝家的陽台白白闃闃
鐵欄柵處處紐約冷色冽冽
寒風溜過皇后區千戶萬門底長廊
唯一的獨特的不渝的樓房
藝術家們被接待有了溫室
來自海內外作家相互取暖
可有其他好客和慷慨廳堂
請在這裡合掌許願
當流星飛過
際此七層樓高的懸空花園
每個來客攜來深植內心的花朵
是誰不在此時昳麗怒放
爭相發言互碰酒杯約略表明
無視美食只道有了一個暖窩
帶來祖國香煙嚴力向來不缺
濃密煙霧中如何去看望遠方
張耳呵再來一杯紅酒或白酒
大家微醺眼瞳中也許倒影星河
再會了主人的殷勤老友的歡聚
請不要說細數星星日子應有幾多

站在陽台迎風有台就能望鄉踉踉

2013 年 12 月 16 日紐約

京九車道

猶如冷藏庫裏
一尾帶魚
火車深陷華中平原
僵硬在茫茫雪海
樹木田野村莊和道路
鳥雀豬狗牛羊無聲無形
雪封素白天與地
到處都是非人工冰雕
暴風把房屋亂拋亂丟
我想大自然一定是病了
假如不趕快看症治療
也許有一天尋因索果
重回史前時期的冰河

2008 年 2 月 5 日紐約

畫刷牙刷與鞋刷

——觀畫家何可人寫實主義的超現實《夢》，後記。

真想知道這位畫家
身上帶有多少把刷子
他的飯鍋是否擦得油油亮亮
瞧他畫刷右上左下天上人間橫掃
天安門廣場居然他當作自己道場
偉大底領袖斗膽刷走從城樓下放
迎來笑瞇瞇老子清靜無為又有為
可惜老人家眇目無視
後輩們多慾威而不剛
"中華人民藝術家萬歲"
"世界人民藝術家萬歲"
如此標語破舊意識立新
刷子材料一定是老虎毛
細觀畫內畫家十分好客
七排沙發邀請坐滿有赤腳漢有大鬍子
穿希臘長袍羅馬當年時裝
時間走位錯亂文藝復興相逢後現代
古典主義浪漫主義印象派竟然互碰頭
七十多位名師皆被他定形於油彩

罕見奇遇藝術感謝藝術家大家齊齊坐

整本西洋美術史大師他都請來

表達對心靈上朋友導師古魯

虔誠奉獻最高的崇敬

看來畫家似乎不懂客套

紫禁皇城殿前自我造型坐立中央

想是他早上用狼毛做的牙刷

否則那有這種牙刷刷狂生傲氣本領

看他坐馬跨腿皇帝也不願做的模樣

真是佩服藝高才見的膽量

憑著寫實的實質功底豐富想像說超象

超現實世間來去商借大腦皮層作暝想

請不要驚奇眼前呈現的殊相

任何事情都可能發生這馳名六月廣場

畫面上兩傍站立肅然的武警

有個問題想去借問

把藝術家鞋子驅趕時弄污了

能不去為他洗擦光光亮亮

註：廣東話"牙刷"自我誇張、傲慢、放肆、不可一世之意；"牙刷刷"加重語氣。"擦鞋"討好、奉承、巴結、逢迎、諂媚之意。

何可人九幅鉅大油畫在紐約皇后區法拉盛圖書館展出，看後十分欣佩，這裏只指其中一幅《夢》為抒情。

2014 年 2 月 20 日紐約

足

"古之至人,先存諸己,而後存人。"
——莊子《人間世》

行氣湧泉
看著自己雙足
一隻腳知足
一隻腳滿足
今天天氣很好
但無意伸足戶外
人世間
不過如是

2014 年 2 月 23 日紐約

尺

"道隱於小成,言隱於榮華。"
　　——莊子《齊物論》

每個人都有
一把自製的尺
替世界度身
他口袋有鐵尺
軟尺三角尺水平尺
就算用計算尺
也有欠分寸
他唯有細心使用
無尺之尺

2014年2月24日紐約

骨

"緣督以為經,可以保身,可以全生。"
——莊子《養生主》

過往的族人
背負很重很重的竹籬
骨頭被壓腰彎背駝
內裏盛著禮義廉恥千載
現代的族人
生理組織都是感官肌肉
內外結構酒色財氣
脊椎骨骼不良發育
若道任督循環共振經絡
現代族人請看族人過往

2014年3月14日紐約

女兒

"悠然而往,悠然而來"
　　——莊子《大宗師》

妳在佛陀誕生地
跏趺為我禱告
感應的電波遠遠傳來
從小沒有哺妳
六字真言
而妳自我成長
在一塊到處都是童話
不長神話的地方
一個 ABC*
如此接近
和佛陀

*America Born Chinese.

2014 年 4 月 22 日紐約

中秋殺情

問世間，情是何物？直教生死相許
　　——元好問《摸魚兒》之《雁坵詞》

八十度的秋陽懸在街上
把行人臉色油潤如剛烘好月餅
法拉盛緬街行人道腳尖踫腳踭處處
踫出大家火氣但也見容讓
一輛輛嬰兒車擠迫過去了
穿插著輪椅前後是篤篤拐杖
我將書藉交還借出圖書館石階站立
抹拭今日的汗水視察前日的血水
行人側目著嘆息人心險惡難測
兇殺的當場沒設悼卡花束或蠟燭
什麼都消逝了感不到暴戾的劫灰
唯是那個男子槍殺了女友後自戕
橫屍街頭紐約中文報紙都放頭條
網路瘋狂傳播照片還原現場
事件竟然發生中秋佳節黃昏上
來自千里若不能共嬋娟何苦孽緣染血
美麗月亮傳說剩下的只有雙黃蓮蓉了

金鉑鈿銀的月餅特邀天上權貴細嚐
道是對嫦娥的感情也愈來愈是無情
唯請問雁唳何物直教如此輕賤生死

2014 年 9 月 10 日紐約

六月的廣場和球場

大國者下流,天下之交,天下之牝,牝常之靜勝牡,以靜為下。故大國以下小國,小國以下大國,則取大國。故,或下以取,或下而取大國不過欲兼畜人,小國不過欲入事人,夫兩者各得其所欲,大者宜為下。

——老子 *

六月的記憶留連在香港淺水灣
划艇的樂趣總是一去單程不還
今年觸目是基輔獨立廣場的變幻
人類的進化依然論武力判決愚頑
開羅解放廣場叫囂著暴力和權力
救世主來了走了只是無力來解救
坦克車前所有民主訴求皆是荒唐
我以心香一縷隨風寄送遠方
尚未被"白皮書"赤化的香港
時代廣場沉默地默視時代的變遷
可憐大眾上街抗爭欲站隊伍之前
大家知道頭上屠刀宰割像魚和肉
"愛港愛國"紫荊廣場齊齊接受再教育

我坐在紐約時報廣場附近的酒吧
喝著一杯杯 Vodka Tonic 高清電視下
正好沉醉在巴西美女和熱烈森巴
世界杯足球洋基佬也瘋狂兼顛狂
四年一次全球性歡樂爆開了喜慶
有感唯在球場人類才遵守法規公平
想起遠地那個動感城市的悲情
強橫者越位搶掠逐漸成正常性
惡意犯規別提不變盟約五十年
法律界人士搖旗示紅牌何當傍証
爭取自主權和發言權的自覺市民
請讓我用文字略表不可屈服的尊敬
念唸在夢中常出現粼粼綠波的浮城

* 這段話大致意思是：在最低下的地分，才是眾川歸滙的地方，大國謙下，天下自然歸附，謙遜和平的經常以安靜戰勝囂張黷武的。大國對小國謙下才能取得的信任。大國不過要領導小國，小國不過要大國不來侵犯它，只要大家謙下，就會各得所欲。但小國素在人下，不患不謙，所以大國要特別注意嫌下。——抄自《金庸散文》25頁

2014年6月30日紐約

雨傘

撐著油紙傘,獨自徬徨在悠長,悠長又寂寥的雨巷
　　——戴望舒《雨巷》

伸出舌頭細味上蒼的佈施
一滴滴若唾涎腺滲下的甘雨
濕瀝瀝底長街秋日黃葉滿鋪
雨濛濛水氣嬉戲家家門庭花圃
不撐雨傘讓雨水淋頭也好除污
想著遠地表兄弟,是嗎有了政治庇護
在瀰漫陰霾籠罩下,苦苦扛著保護傘
抗拒四週噴射雲亂射,笑談愚公移山
民意與官意互拔河,似看阿蘭嫁阿瑞
老表們請快快辦理移民手續
別道忘記了歷史咱們的民族
從北到南代代都被強迫放逐
大官小留學生富豪窮人忙著移民偷渡
快速離開眾和尚打著陽傘處處
到這裡來我們可以一把縮骨遮共用
鋼針外露伸開也不用縫補
異地的甘霖混苦澀大口吞下酸辣

先天鈣質的不足底骨骼國外彌補
愴然站在山嶺或海濱遠眺，夕陽返照
迴看遠道彼岸，飢渴若見生態青綠
在雨簾潺潺中，眾望出現一位施主
把雨傘收藏，不再酸雨泫目

2014 年 10 月 21 日紐約

弱勢無痛感

《世界日報》劉大琪報導:"11月16日……
正在等車的郭惠權(後來報紙改為郭偉權)
突遭一名陌生非洲裔男子推落地鐵……"

只有零點一侵略性的基因
百分率九十點九有受害者的屬性
一尊瓷器罡風中惡意毀了
破裂在沉暗紐約市地下鐵道
傷殘的碎片散落在世間名城底地府
請默念這個家庭慘遭無辜的傷害
只因為是個不識暴力良善者
強調人性國度冷酷冷血何多獸性
有些裝扮失心瘋非裔狂徒懦夫
便專意尋找無惡性華人來欺負
錯誤時間錯誤地方是嗎郭偉權先生
夫婦約了親朋戚友週末準備:
坐地下鐵到唐人街嘆茶
我只相信有隻故意犯罪錯誤的手
推下月台正進站的列車相踫
這樣事件發生不斷屢屢無窮
假如沒有忘記南加州大學

兩位留學生停車後傾談時遭射殺
兇手含笑表示不過是電玩的目標
我也無意寫下去了但有意
記下兩人青春的名字瞿銘和吳穎
僑胞越來越多做了鋼鐵叢林中獵物
在學校在商店在餐廳在街上
被打被偷被搶被劫被殺到處被霸凌
弱勢的骨肉倒鉤懸空為野性的口糧
我的無明有如搖彩上下攪珠而波動
有愧三十年來跏趺外察內觀
還在靜滅界外徘徊而生其心
煩請國人公共場合去撿視自我德性
有待僑胞來轉變被侮辱被傷害基因

＊"應無所住，而生其心。"《金剛經》經文，禪宗六祖慧能聞而頓悟。

2014 年 12 月 2 日紐約

春雨

世味年來薄似紗，誰令騎馬客京華
小樓一夜聽春雨，深巷明朝賣杏花
　　——陸游《臨安春雨初霽》

烏紗帽揭下安放何處
小心這重若山嶽的財富
疊疊的鈔票鑫鑫的金條
擠破了滿滿地庫
妾侍歌姬五號六號數點著性奴
捲起了長袖施展玲瓏舞步
為何還不潛逃國外把逸樂藏匿
一千年前仕宦就沒修到這福氣
讀書干謁寫詩若能考中進士
往昔讀書人的一生神聖大事
既讀且思老先生陸游的舊時
官服破袖吹起酒痕掩鼻清風
偶有傻傻後生晚輩服膺正觀朗誦
愛國詩人有國示愛有家務農
羨慕死了後輩無國無家無名詩人
寫現代詩對愛無處投射終日惶惶

世事黨國顛倒何計稟告不老詩翁
有道朝廷的玉階古今冷硬如故
前朝與今朝中間依然雲山繚霧
遙想詩人在花香中默對長夜
一滴滴春雨漫漫修遠江湖路
回首前塵頓然領悟生命真意如此
也許在笑說人生是買賣討價一場
現實的禁區躲不開官與商
密叩窗戶的雨水我又何苦
如此夜深仍數遠處的山羊

2015 年 4 月 24 日紐約

巴黎，子彈橫飛

十三號星期五
西洋認為這一天是不祥
在巴黎更是不幸又悲傷
我坐跏趺向遠方做默想
十一月一個暖和的晚上
六個頃刻殺戮的現場
多少無辜的歡樂男女
在喝酒在聽歌在看球
剎那披上鮮血的衣裳
炸彈瞬間肢解美麗人體
人體不過機關鎗下練靶
為什麼人們在吃
橫飛子彈的苦果
為什麼啊為什麼
聖母院鐘聲在這優雅
城市上空為誰敲哀歌
流水多情傷逝塞納河
凱旋之門地獄之門竟相通
法蘭西傲氣驟變羅丹嘆氣
請大家一齊低頭默禱罷
到處充塞暴力暴行危機

為你親朋戚友也為自己
這個月內就發生了
俄羅斯航機黎巴嫩街頭
誰忍心去看殘肢爆炸後
人性進化克制不了獸性
如此日子循環永無寧息
有一天行人上街在紐約
在倫敦在羅馬在莫斯科
戴上頭盔穿上避彈衣
腰配激光手槍
以殺止殺
就是彌賽亞重臨
何只十三號星期五

2015 年 11 月 14 日紐約

捐款

警員梁彼得的不公故事
也是華人常遇到的事故
我在聯成公所靠門窗站立
曾是貧民區的唐人街頭外望
歷年努力下清理了蟑螂蟲鼠
潔淨了垃圾掃除了賭毒人禍
整理安頓好了大家有個暖窩
陰暗角落的不良勢力再沒有
隨時歡迎世界各地遊客來坐
我迴看室內孫中山先生塑像
"天下為公"四個大字也許變樣
那金色油漆仍是民族的理想
半弓著腰身吃力走上樓梯
絡繹不斷的年長男女僑胞
喘著氣在支票簿顫抖簽名
也有口袋內一層層掏錢包
一生勤儉積蓄慷慨地出手
眾人皆談論這事件的棘手
都道人溺己溺就該伸援手
相互扶持集結錢財見力量
金錢之前司法人情或退讓

此地原是為某種民族而設計
神的選民自我張力目空一切
咱們移植的宿命相對是弱勢
百多年忍受著被侮辱被傷害
政治不正確更提防變本更厲
不公義排華要做非沉默盟誓
目睹全美大城市華人抗議示威
軒轅族裔的血脈能不共振澎湃

2016年2月26日初稿
2017年10月14日二稿紐約

唐人街系列（組詩）

1 靈車

我生本無鄉，心安是居處，
　　——白居易《初出城留別》

試問嶺南應不好？卻道此心安處是吾鄉。
　　——蘇東坡《定風波》

想再一次
看看唐人街的面目
可是腰身撐不起來
眼睛也睜不開
奏樂的聲音不明
勿街路上轉來轉去 *
行人站在街口
數著車輛經過
有人指著車前照片
這人好像
有點面熟
花圈好大

* 勿街 (Mott Street) 紐約華埠主要街道

2 逛街

書店一家一家關門
西藥房卻越開越盛
眺遠視近眼鏡行
碰面就是
老人家和唐人街比賽
誰先老化
髮型屋數了一個上午
也數不完
南貨店一街三店
售貨員也忙數著
自己的手指
禮品鋪的老板娘
望著遠來的遊客
生意難做
也忘不了向我訴苦
地稅房租

2014 年 12 月 31 日

3 咖啡室

上唐人街第一件
要務
來一杯咖啡
叉燒包或黑椒雞包
咖啡室到處
是人
我慢慢打量這本書
言語面貌舉止
尋找與我內容
相近的書頁
前翻後覆封面封底
漫畫數張

2014 年 12 月 31 日

4 報攤

紐約好多行業
都被時間帶走了
舊時刷鞋檔唐人衣裳館

甚至 Superman 更衣室
所有電話亭已經消失
如今若要過得自在
融入低頭族科技世代
唯是有一個異數
當大眾都在上網落網
華埠報紙攤依舊無數
明星的八卦新聞赤裸
官人被揭開醜事成籮
免費報請客不用破費
阿叔阿伯大嬸大媽
好意思說
無聊了嗎

2015 年 1 月 1 日

5 超市

超市是每天製造
腸胃幸福的福地
就是沒有現款或信用卡
低收入或無收入的窮人
都可以到超市挑選食物

攝取營養品的補充
美國政府施惠德政的糧食券
我看是市場設計循環食物鏈
華埠超市營業額月結就超半
排隊不停收銀小姐也顯不耐
買魚買肉包括我在內
買生果也買蔬菜多袋
更對來自祖國的乾貨依依
捧起蓮子當歸土地眷戀之情
連生薑也被農藥污染說是
拿起哎又放下
福田有待
誰人去種

2015年1月6日

6 茶樓

凝睇老外用筷子
舞上舞下似在空中寫大字
豉什排骨一塊塊挾起
燒賣一口一件
轉眼盤碟中空

抬頭眼光被攝目
三字經開口埋口有個老廣
手臂肌肉刺青捲袖露虎爪
男跳女叫小孩一家圓桌坐
男女主人互相斥罵如家裡
老太太打著手勢無人理
蝦餃牛腸遲了上檯面
一路不休追著點心妹
車仔推前差點絆一跤
隔座大嗓門喋喋喳喳
千萬別插嘴師奶在講話
糯米雞做得不地道
價錢又貴過別處二毛
自我表現怎能不良機滔滔
被迫做聽眾實在太苦惱
朋友對我說快快賣單*
我笑答習慣了就喜歡
廣東茶樓食物以外的熱鬧
感官刺激不另收費氣氛夠

* 香港人叫"埋單",外省朋友說"賣單"。

2015年1月7日

7　單車

我有一位老友
哥倫布公園附近
開了一間士多
售賣報紙汽水雪糕糖果
日常用品啤酒和樂透
晚間非常熱鬧
大人小孩熟客和遊客
買賣以外大家有個暖窩
方便街坊當做交際場所
但他自己卻大大的不便
市府把門前短短街道
圈劃起來停放自行車
馬路的空間沽價出讓
唐人街交通污名壅塞
他每天上貨落貨
能夠投訴什麼

2015 年 12 月 30 日

8 故鄉新鄉

屋前的池塘
環繞著桑樹
木棉花昂頭遠方直視
雜在其中有棵相思樹
歸家的時候
水泥一片填平
何處追捕童年的蜻蜓
自此四方流浪奔波
書說有擅治心術的達摩
他能大喝也能專注靜慮
喚醒自我內心力量的禪那
四海之內無有不安心之地
禪宗就是如此神奇
鄉愁懷鄉痊愈了不過如是
只是多了不同新地址
便合異國新鄉認老鄉

2015年1月13日

抗議

他做過什麼壞事
那大和尚如此惹人討厭
當一個皇室對另一皇族
邀請到白色宮殿作客
也被抗議施壓
不過喝杯酥油茶
繞著大圈在 Javits Center
我站立隊伍中等候進場
對視前後左右頸項掛著
唸珠和哈達
七月陽光把他們黝黑臉龐
塗抹一層光亮又興奮油彩
藏族姑娘凸顯線條的輪廓
眼角嘴角飽含雪域的稜角
那華麗的長裙生色了大地
小夥子們是多麼健康淳樸
每個人神態表達莊嚴與虔誠
相比於一撮在對街角落喊口號
擎標語敲鑼鼓抗議者底滑稽
那是去年大和尚
在紐約過的八十歲大壽

今天看新聞他又被抗議
他做過什麼壞事
也許是 1989 年我在想
他得到諾貝爾和平獎

2016 年 6 月 16 日紐約

花

不是不
喜歡花
是不喜歡
被摘下
截肢的痛楚
因為我知道
而且也看到
插花的剪刀

2016 年 7 月 14 日紐約

夢

當社會主義給他

一個大翻身

他想還繼續

睡下去

揉擦著睡眼

喃喃地說

"難尋好夢"

2016年7月15日紐約

恨晚

真是可惜
未曾相識
當我們男女性
荷爾蒙
泛濫的季節

2016 年 7 月 21 日紐約

看山看水長看人

看山不是山

肥了,旅客們脂肪的聚積

看水不是水

病了,工商業帶來好成績

看人,海內外尋覓真人

外聽內聞皆是權威影像和造像

看東望西都在排演變樣

能不爛醉酒鄉稱觴

一個月後合眾國君皇登場

山啊水啊也在大喊著風雲緊張

註:2017年1月20日是美國第25任總統就職日。

2016年12月20日紐約

先生,您好

先生,您好或不好
大家好像都不想知道
您貴體帶傷
而且又有許多疾病
每天咽喉吞下的白色垃圾
誰理會您的消化系統
軀體被鋤鑿百洞千孔
礦產無限開取油田設置濫用
欲求更厲害屈人的核武
不去細想是自掘墳墓
請看厄爾尼諾的現象
警訊強烈氣候發生的異常
南北兩極冰原的消失
海洋邊沿城市水線逐漸昇高
挪亞方舟請趕快訂造
而巨頭們議會上怪叫
環境的破壞是虛假的信息
只有冤大頭花大錢去做環保
每天都被傷害而沉默不嚎啕
地球先生,您真是太好
您的太好也需要檢討

假如說起二千多年前的先人
秦朝大將軍蒙恬伏劍自刎
並非對皇天異議的背叛
實是對后土破壞自我了結懺悔
今人竟對大自然漠視不知敬畏
請看當代對江河峽谷毀壞者
如何去慰藉大地受傷底魂靈
地球先生，請下賞罰之令

2017年4月11日初稿
4月22日 Earth Day 二稿紐約

斯人的靈魂

不是每個人都有
靈魂，我相信
在那塊被咬了一口的海棠葉上
今天他的靈魂在巡視
山嶽的山神江河的水神
都無力護衛那塊大地上
有如浮士德賣給魔鬼的靈魂
當他看到眾生伸臂呼救
被矇蔽與麻痺行動的群體
他怎能坐視自我的平安
獨自清醒去長視世情的混濁
他只好用自己的青春購買人性
掏出大好的肝臟
餵飽鷹犬交換仁慈
以個體靈魂的領悟
欲呼喚民族靈魂昏沉的一代
遠在異域的我們也
只能對空椅子說心事
激昂者沉痛者故友們次遞站台
對一位良知者表達道不完敬意
我也應著百多位藏族同胞

結手印念誦"度亡經"和室內花圈

發出花香裊裊昇空

但願火化後骨灰如舍利

再生的魂魄長祐此民此土

江海山川中遨遊笑看

極權與人權誰更久遠

患難夫婦世間罕有雙留

2017年7月15日紐約「臺灣會館」劉曉波先生追思會後寫

尋覓唐人街道德的高臺

每天早上我伸足華埠的街道
尋找飯盆外面的麵包
水泥路上踉踉蹌蹌路客爲常客
冷硬與溫情交集修路機的隆隆
房屋維修鐵架下穿過迷離
默想我與社區多年的契合
緩緩衰落的門面一如我的顏面
社團樓頂旗杆倖有堅持強悍
迎風飄揚中美兩國旗幟
風動幡動心動一起來襲
百年的追憶與現實的擠迫
難道我的心弦真的如如不動
走進聯成公所孫中山先生像前
我如何低訴世人現況的面貌
只好說第三條頸骨已不如先人
整條脊椎骨已被利益的肥肉包縈
青天的清氣逐漸侵蝕被赤地財氣
爲公爲衆理想天下竟成紙片藍圖
先生，有一天你若是重來
至囑改成你不認識的模塗
建國大綱也成私語竊竊的笑談

而變色蟲所關注的只有金錢顏色
心靈色彩蟲蟲們無力承受其沉重
要是聽到國人弱勢的伸訴
請再去四處奔波籌款重建
唐人街被拆下的道德樓臺

2018 年 7 月 21 日

關係

再不能和女人
　發生關係了
　智能人冷冷地說
　"讓我們造愛吧"

再不能和親密的人
　深度接觸了
　霧霾沙沙地說
　"讓我們口罩與口罩接吻吧"

再不能和他人
　互道哈囉了
　手機做我替身說
　"讓我們山長水遠永不分開"

再看自身也變形了
　毛髮生長迎合互聯網線路
　我和世界的關係
　讓我說"就如此了了嗎"

2017年5月21日紐約

題外

就算我披上避世的袈裟
也揮不掉俗世的塵沙
每天匍匐紐約的地鐵底下
爬蟲模樣對食物尋覓不分冬夏
悠想天外高鐵的穿越
王維的終南山多遙多遠
寒山拾得笑聲嘻哈
詩者流浪的基因內放外流
請餘下給我一頁改改修修
好讓對洋人說詩談經有所傳授

2017 年 12 月 27 日

咖啡店速寫

那三個中年婦女的談興
　　把檸檬茶和奶茶都吹乾了
倚在街道汽車傍的男子
　　嚷手機呼喝聲音愈叫愈高
踏出計程車一對擁抱男女
　　不知是幹完了還是準備去幹
目光散亂漢子踉蹌走過
　　我猜疑是愛滋病帶源者
坐在前面靠窗的老先生
　　不停抽搐鼻子呼吸短淺
往來男人行人道腳步匆忙
　　歪著第三第四號胸椎骨
推動嬰兒車的母親背著書包兒童
　　夕陽正反面祝福地照射
高䠂而窈窕少女們挺胸翹臀
　　接受男士們目光深長之意
妙齡女店員套著青春臉譜
　　黏上麵包西餅生日蛋糕甜香
中秋月餅單雙黃和蓮蓉
　　團聚的節日我看不清價格
正欲把眼睛擡到較遠的前方

我拿著曾是盛滿咖啡餘下空杯
從哪裏來往哪裏去去忙什麼
儼然馬路上輛輛巴士空車回廠
依然以眼耳鼻舌身意迎合塵世
請別笑我癡談浮生半日的悟迷

2006年9月26日紐約

豬年談金豬

有人想啖一口腩肉
有人垂涎蹄髈
欲嗒嗒骨頭者有之
大家要嚐脆皮
可是默默普羅
不敢首先動手
因為祂被善信
男女捧上神檯
不暝的目光
散佈祭壇上空
似亮仍暗的香燭
因誰點燃為何明滅
不要問糊塗了祭司
尚且紫金紅光
背後撐腰庇護
如此高踞上墀如故
長與伍員供奉城樓
享受神祇式敬禮
一身肥肉甜笑對庶黎

2007 年 3 月 30 日

在武館拜見關二爺

在武館禮拜關二先生
看見他近日蹙眉怒目
合掌上香何事請告示
不肖後人以武恃勢真不是
到處伸著漲大的拳頭
炫目駭人代號的刺青
仗著後面黃氣黑氣把腰
也就算了去看門做保鏢
賺碗飯吃憑橫練身手本領
善惡分明辯說再沒有必要
忠於財神義則退辭
恃強淩弱跋扈豪門充打手
江湖上吹亮武聖的名號
套著關帝名字在幹壞事
徒子徒孫喲該知神君也有火氣
直使不翻《春秋》也應守約束令
莫使關二爺再度顯聖磨刀掛鈴

2009 年 8 月 16 日紐約

今年的雪是薛西弗斯的汗水

請不要走在我前面，因為我不會做跟隨者。
請不要走在我後面，因為我不會做領導者。
請走在我身邊，當我是朋友。
　　——卡繆　Albert Camus(1913-1960)

對於人為的施暴習慣了
以聳肩和側身相避來表示
但是今年大自然的施暴
唯商借薛西弗斯的力氣和汗水
每天一鏟一鏟推高又落下
不停無休的冰雪
冰封美加東北部家家戶戶
薛西弗斯為人類無止息的流汗
人類垂首回報大自然義務勞役
無數撞毀的車輛受傷的人群
被困在結冰公路上串連成隊
房舍農地林木高低都是雪堆
喪失生命的不幸者視為常態
商業的停頓機場的封鎖
稱做不眠城市底大蘋果

也在偷懶打烊閉目休息
地下鐵道市長下令封城
非必要街頭行客被驅走
趕著回家底路人對電視訪問頻說
三十秒外骨頭不屬自己了
中央公園琉璃動地幻境暗嘆自賞
氣象學家紛紛表達高見
未來氣候變化更形惡劣
許多不明確的因素醞釀
非周期性所預測成突變
若擡頭上望籠罩的陰霾和雪暴
人類對環境破壞要付沉重代價
再看政治的高壓和經濟的利益
兩隻厚重靴子殘踏對保護環境
別去再亂化研發殺人武器費用
氣候變遷的衝擊將會無盡期停息
請修補大地上大家門前門後漏洞
我想以後應該向薛西弗斯
再借汗水似乎還不夠
加上鹹鹹眼水押利息
一面流著去嚐眾生自栽的苦果

2015 年 3 月 15 日 紐約

紀念董鼎山先生
(1922-2015)

您已看遍地球上
每個角落的山水
熟讀各國文化內頁
直書橫寫的揮灑
完稿後的滿足
紙頁在空氣中
留下爽朗的笑聲
就擺手道別
無視文友的惋惜
遠觀您孤寂的身影
傴僂的老年偶儻的過去
您說要立刻放棄人間百齡
每次巴士站送行
看著您衣飾如文字的整潔
往昔豐神似夏日暖風吹過
東西風中雨中明證了什麼
家國變幻與時代明滅交錯
您西方文化移植媒介熱忱
栽種在燠熱乾燥大地種子
後人一定得到清涼
那還有什麼不可以放下

心靈深處已印刻祖國美國
我想說您
為地球村寫作

2015 年 12 月 21 日初稿
2016 年 6 月 25 日修稿

長城嘆毀容

匈奴大軍鐵馬金戈
長城屹立屢攻不破
兇徒悄悄輕手躡腳
一鏟石灰水泥一鏟
百代千秋中華歷史
民族圖騰蹂躪若此
毀容了面目看誰不羞恥
蜿蜒的臍帶感染了病毒
文物古蹟來者不知珍惜
猛然讓我生疑民族的基因
是龍的傳人還是蛇的傳人
如今抑是龍蛇傳人的變種
城牆塗鴉撒野留痕
蛇蟲字體到此一遊
禁制不了炫名顯姓
文明標語遍佈示意兩腳動物
到處滋生沒長公德心的爬蟲
幸甚長城有靈雨水雪水血水
洗滌所有加置城樓上的污穢

2016 年 9 月 28 日紐約

Om 大昭寺

妳霹霹啪啪地叫痛
大昭寺 Om 大昭寺
千萬哩以外
我的心也在絞痛
那千年不朽的樑木
今天已轉化為朽木
天空火光冷冷塵煙熊熊
淡淡地點燃邪惡的延續
所有的暴君都尋找
合法理由去做壞事
歷史人物何止"三武一宗"
焚經燒廟滅佛三合一
宗教祭壇上供奉多少軀體
祭品由來自不同意識形態
只有"公主柳"作見證不被蒙蔽
楊枝淨水我相信遍洗
人間迷惘的汙穢
若是火種的元素
是增添世上光明的力量
請驅趕負面不公義的權杖

2018 年 1 月 27 日

附記：Om，Ma，Ni，Bai，Me，Hum（唵，嘛，呢，叭，咪，吽）藏傳佛教六子真言。"公主柳"是文成公主從中土帶到藏土的樹苗，栽植大昭寺旁，如今成蔭成林。

金庸先生，多謝

怎能不對金庸先生懷念
好大的襟懷也會使壞
壞了玩筆的作家們
受阻攀登高峰的步伐
您老先生山嶽般好大
一章一回內藏江山湖海
一張一頁深蘊文史流風
聳立讀者內心高度難以算計
當代與後代應該得到了傳遞
般若智慧俠義忠信
無為有為超離俗世
多病民族有了補藥十四劑
歷代文字惹禍文人有援手
任督雙脈能量直視面對強梁
武學修為更深層人格底導向
在多磨紙墨內為正義開了方
曠世才情點亮國粹長明發光
百多千謝，金庸先生
您的作品我的禮物受用了
豈是說說寫寫懷念能了了

2018年11月2日初稿

2019年2月7日二稿

附記:"開始寫作之時,文化大革命的文字獄高潮已過去,但慘痛憤懣之情,兀自縈繞心頭,因此在構思新作之初,自然而然想到了文字獄。"金庸《鹿鼎記》39頁。

www.ingramcontent.com/pod-product-compliance
Lightning Source LLC
Chambersburg PA
CBHW071207070526
44584CB00019B/2954